UN DERNIER MOT
SUR LES ÉLECTIONS,

ADRESSÉ

A LA CONSCIENCE DE CHACUN DES ÉLECTEURS DU DÉPARTEMENT DE LA SEINE;

Par un Membre d'un collége électoral d'arrondissement et de la légion d'honneur.

« Ce qui n'est point utile à la ruche, n'est pas véritablement utile à l'abeille ». (Pensées de Marc-Aurèle, ou leçons de vertu que ce Prince Philosophe se faisait à lui-même, publiées par M. *De Joly*, chap. VIII.)

« La Patrie est un tout, dont nous ne sommes que les parties ; la meilleure de ces parties est celle qui ne se prend jamais pour le tout ; la pire est celle qui veut dominer (la classe des égoïstes et des ambitieux, et qui, au lieu de se faire l'instrument du tout, veut (par un contre-sens bizarre et funeste, qui tourne contre elle-même) faire de ce tout son instrument ».
(Bacon.)

« Nous ne devons qu'à notre seule Patrie, quand elle nous confie l'autorité, le sacrifice de notre liberté pour travailler au bien public ».
(Fénélon, *Télémaque*, liv. VI.)

A PARIS,

Chez BABEUF, rue du Petit-Lion-Saint-Sulpice, n° 26.
DELAUNAY, galerie de Bois, Palais-Royal.
PÉLICIER, galerie de Pierre.

22 AOUT 1815.

UN DERNIER MOT

SUR LES ÉLECTIONS,

ADRESSÉ

A LA CONSCIENCE DE CHACUN DES ÉLECTEURS
DU DÉPARTEMENT DE LA SEINE.

———

L'AUTEUR de cet écrit croit inutile de se nommer. Il ne veut ni cacher, ni produire son nom. Il ne veut point fixer l'attention sur aucun homme en particulier; mais sur les grands intérêts publics, sur nos dangers imminens, sur nos moyens de salut, sur le Roi, sur la Patrie, sur les conséquences inévitables des choix, dont chacun des électeurs va devenir responsable à ses concitoyens et à la France.

Il suffit, et il paraît utile de faire connaître, que l'homme, auquel les lignes qui vont suivre ont été inspirées par un amour pur et vrai de la patrie, avait obéi au même sentiment, sous Napoléon. Il avait exprimé, à plusieurs époques décisives, des vérités fortes, courageuses, prophétiques, qui furent dédaignées, rejetées, proscrites comme des accens séditieux, qui lui attirèrent d'abord une longue disgrâce, mêlée d'une haine personnelle et prononcée de la part du maître absolu, puis, une arrestation prolongée pendant les quatre derniers mois du régime impérial, en 1813 jusqu'en avril 1814.

Et certes, si la chute, à la fois éclatante et honteuse, de ce colosse de fer et de boue, qui a trop long-temps pesé sur le monde, avait pu être accompagnée de circonstances moins humiliantes pour lui, moins désastreuses pour la France et pour l'Europe; c'était ce trop petit nombre de Français, nobles, généreux, intrépides, que leur propre courage avait constitués les interprètes de l'opinion publique et de la patrie, mais dont son ambition, toute personnelle, exclusive, délirante et insensée, avait toujours étouffé la voix, qui auraient pu prévenir une partie de ces malheurs.

Enivré par l'orgueil, aveuglé par l'éclat même de ses succès, égaré par une passion furieuse, Napoléon devait nécessairement finir par se perdre. Mais, nouvel Érostrate, il fondait sa célébrité sur la destruction; il voulait perdre avec lui tous les peuples et tous les rois : en cela seulement, il a confondu la cause publique avec sa propre cause.

Sachons du moins profiter des immenses malheurs qu'il nous laisse après lui. Nous

avons assez chèrement payé les leçons de l'ad-
versité. Soyons instruits par ces malheurs;
osons les extirper dans leur premier germe.

La corruption, l'égoïsme, l'ambition, la
soif de l'or et du pouvoir, l'oubli de toute mo-
rale publique et privée, et surtout le mépris
des vérités qui nous accusent et nous éclairent:
voilà ce qui a produit nos fautes et leurs dé-
plorables suites.

Aimons donc et cherchons la vérité; sachons
lui pardonner et la supporter. Ceux-là seuls,
qui nous la diront sans ménagement, peuvent
nous sauver. Ceux qui flatteraient nos passions
ne feraient qu'agrandir le gouffre ensanglanté,
dans lequel se débattent nos malheureux concitoyens. Voulons-nous fermer ce gouffre:
choisissons des hommes énergiques et dévoués,
qui en aient mesuré la profondeur, qui, nou-
veaux Curtius, soient prêts à s'y précipiter.

J'ai recueilli, en gémissant, cette réponse
d'un électeur à un candidat: Je serai charmé
de vous être utile.

Quel est donc cet homme insensé qui peut
voir son utilité particulière dans le poste difficile et périlleux de député du peuple? A-t-il
bien médité sur les circonstances qui nous
pressent, sur les dangers qui nous menacent,
sur les passions qui nous tourmentent, sur la

corruption qui nous travaille, sur l'influence étrangère, sur nos divisions intérieures, sur les obligations sacrées qu'un député va contracter, sur la force d'âme, sur le courage héroïque, sur le dévouement absolu, que la patrie exige de ses représentans? A-t-il assez pénétré dans le for intérieur de sa conscience, pour y bien démêler ses sentimens secrets? Sera-t-il bien capable de la noble tâche qu'il ose entreprendre? N'est-il personne autour de lui qui soit plus digne de la remplir ? Défions-nous de ces hommes imprudens, qui sollicitent nos suffrages. Plus ils les désirent, moins ils les méritent.

J'en appelle à la conscience de chacun de vous, en sa qualité d'honnête homme et d'électeur. Qu'il choisisse, entre les concurrens, ceux qu'un sentiment profond lui fait juger les plus propres à bien servir la France et le Roi, dans l'état d'extrême danger où la patrie est réduite.

A-t-on oublié déjà dans quel abîme de maux les mauvais choix ou les choix insignifians nous ont précipités? Aux dernières élections, et je pourrais dire, à toutes celles qui ont précédé, les considérations personnelles, les intrigues, les listes préparées d'avance dans l'ombre et destinées à entraîner des hommes faibles et confians, la tiédeur, l'indifférence n'ont-elles pas fait nommer plusieurs députés, au moins inutiles, qui étaient eux-mêmes intéressés, comme propriétaires, comme citoyens, à ce qu'on eût nommé, à leur place, des hommes d'un sens droit et d'un grand caractère, capables, dans un moment de danger public et d'inspiration, de présenter, avec l'énergie de la conscience et de la vérité, une de ces résolutions décisives d'où le salut d'un état peut dépendre...

Quelques-uns de ces hommes avaient été désignés aux suffrages de leurs concitoyens. Des intrigues, qu'ils avaient dédaigné de combattre, pour ne point paraître s'occuper de leurs intérêts personnels, lorsqu'ils ne songeaient réellement qu'à ceux de la patrie, les avaient écartés. Ceux qui avaient concouru à les éloigner, ont payé chèrement, par la part qu'ils ont eue aux souffrances communes, le tort grave de n'avoir point cherché de bonne foi les députés les plus dignes de leur confiance et de leur estime.

Veut-on ajouter encore à nos malheurs actuels...? Il faut apporter la même indifférence dans les choix; il faut obéir aux intrigues obscures, aux petites coteries; il faut copier aveuglément les listes préparées d'avance et colportées dans l'assemblée, sans même examiner les noms inscrits sur ces listes, ni consulter les hommes sages et impartiaux sur le caractère, les principes, la conduite des candidats proposés; il faut mettre toujours les considérations personnelles, les égards, les convenances sociales, avant les grands intérêts de l'état. L'égoïsme, la lâcheté, l'oubli de ses devoirs portent avec eux leur juste châtiment.

ÉLECTEURS *du département de la Seine*, vous allez remplir, dans l'espace de quelques jours, une grande et importante fonction. Les résultats de vos opérations doivent influer sur nos intérêts particuliers et publics, pendant plusieurs années.

Vous allez choisir, au nom de vos concitoyens, quelques-uns des députés, auxquels sera confiée la noble, mais difficile mission de relever la patrie de ses ruines, de raffermir le trône constitutionnel ébranlé, de présenter des ressources et des moyens de salut à la nation, des consolations et des conseils au monarque, des soutiens à l'autorité, des barrières insurmontables à l'anarchie, des garanties à l'ordre public et à la paix générale.

C'est au nom des habitans d'une grande capitale, célébrée comme un vaste foyer de lumières, que vous allez nommer les hommes destinés à la représenter dans la chambre des députés.

On s'est plaint souvent de l'influence mal-
heureuse qu la députation de Paris a exercée
dans nos assemblées. La capitale est, plus
qu'aucune autre ville, responsable de ses choix
envers la France entière. Les talens sont loin
de suffire, mais ne doivent pas être négligés;
les qualités morales, la pureté, l'énergie de
caractère sont les premières conditions néces-
saires.

Choisissez, de préférence, les hommes qui
reculent devant l'idée d'être nommés, qui ont
le sentiment profond des malheurs présens, et
de ceux que l'avenir peut produire encore, si
les élections sont mal dirigées; qui feront, en
acceptant leur nomination, un acte réfléchi
d'abnégation et de courage, qui rempliront un
devoir, qui obéiront à l'amour de la patrie et
du roi; qui sacrifieront, avec dévouement, leur
tranquillité personnelle, qui sauront faire en-
tendre le langage de la modération et de la vérité au milieu des fureurs des passions; car la
situation affligeante et l'esprit d'exaspération
de plusieurs départemens font craindre qu'ils
n'envoient des délégués moins sages que pas-
sionnés.

Rejetez, avec une juste défiance, les hommes
inconsidérés, présomptueux, égoïstes, qui n'as-
pirent qu'à être nommés.

Ceux-là, surtout, serviront le gouvernement avec loyauté, qui n'auront aucun intérêt à le flatter ni à le tromper, aucune grâce à solliciter ; mais qui seront liés, comme propriétaires, comme pères de famille, comme citoyens probes et moraux, à l'intérêt général de la tranquillité publique et de la conservation de la patrie.

Craignez les choix insignifians et inutiles, et leurs funestes conséquences. Craignez surtout les hommes corrompus, intrigans, ambitieux. Des faits récens vous éclairent. L'avenir de votre patrie et le vôtre vont dépendre, à beaucoup d'égards, de votre fermeté ou de votre faiblesse.

Plusieurs écrits sages et utiles ont été publiés depuis peu sur les élections, sur les principes d'après lesquels on doit désirer qu'elles soient faites, sur la mission que la Chambre des Députés paraît appelée à remplir, sur l'esprit qui doit inspirer et diriger les Colléges électoraux dans le choix des députés. Mais, c'est en vous-mêmes, dans le souvenir des calamités versées depuis vingt années sur notre patrie, dans la considération des dangers présens et imminens qui nous environnent, dans la prévision de l'avenir heureux ou funeste qui nous attend, et que nous devons créer nous-mêmes, dans le besoin fortement senti du repos, de la paix, d'une liberté bien réglée, d'une constitution propre à garantir l'ordre public, la puissance du monarque et les droits des citoyens, que vous devez puiser les moyens de résister à toutes les sollicitations individuelles, à toutes les influences du moment, à toutes les promesses arrachées par l'importunité, accordées par la lassitude ou la complaisance. Votre parole sacrée, votre engagement d'honneur, vos sermens, vos intérêts, vos devoirs sont de choisir des hommes purs, sages, fermes, vrais et loyaux Français, dont le patriotisme éprouvé, dont les qualités morales vous répondent d'avance de l'utilité de leur coopération aux actes de la représentation nationale.

Je terminerai cet écrit par une instruction que s'est tracée l'un des candidats proposés à vos suffrages, pour régler sa conduite dans la chambre des députés, s'il doit y être appelé. Cette instruction, écrite d'abord pour lui seul, et qui est une sorte d'entretien d'un homme de bonne foi avec lui-même, a paru pouvoir devenir utile, si elle est adoptée par d'autres, ou si elle leur suggère l'idée d'en rédiger une semblable pour eux. J'ai cédé à l'invitation de quelques hommes estimables et éclairés, en consentant à lui donner de la publicité. Il est toujours utile et moral de se rendre compte de ses sentimens, de ses pensées, et de régler d'avance la conduite qu'on se propose de tenir dans une fonction publique importante.

INSTRUCTION

A relire tous les jours, et à suivre avec fidélité, par un député qui veut justifier la confiance de ses commettans.

«JE me suis mis sur les rangs, pour être nommé député, d'après les conseils de quelques-uns de mes amis, et d'après l'impulsion de ma propre conscience. Le sentiment d'un dévouement absolu à ma patrie me porte, avant tout, à désirer d'être honoré du choix de mes concitoyens. S'il se joint à ce premier motif un sentiment personnel, dont l'homme ne peut jamais s'affranchir entièrement, il tient au désir de mériter une réputation honorable, fondée sur l'estime des hommes de bien, qui soit un héritage que je puisse léguer à mes enfans.

» Si je suis nommé membre de la représentation nationale, je veux avoir une règle de conduite déterminée d'avance, la consulter souvent, m'en écarter le moins possible. J'en vais poser ici les bases.

» D'abord, je devrai me défendre, avec soin, de tout premier mouvement, et ne jamais parler dans l'assemblée, avant de m'être fait à moi-même cette question : *Ce que je vais dire, m'est-il inspiré par ma conscience et par mon devoir ? Ma proposition sera-t-elle utile ? Sera-t-elle généralement approuvée par les hommes de bon sens, par les hommes de bien, par les bons Français ?*

» La réponse me permettra de juger s'il convient, ou non, que je prenne la parole.

» Du reste, parler très-peu dans l'assemblée pour mériter d'être écouté avec intérêt ; n'y parler jamais qu'avec beaucoup de mesure et de sagesse ; m'interdire absolument toute personnalité ; bien étudier les membres de l'assemblée, dans les bureaux, dans les comités, dans les conversations particulières; mériter leur estime par des discours sages et modérés ; tâcher de connaître à fond quelques membres estimables et influens, dans différentes députations de départemens, pour soumettre à cinq ou six de ces membres choisis, avant de monter à la tribune, les propositions d'une importance générale que j'aurai l'intention de faire ; calmer les irritations et les passions ; exercer, autant que je le pourrai, l'influence de la raison et de la justice, qui n'est jamais entièrement méconnue dans une grande réunion d'hommes ; ne flatter aucun parti ni aucun homme, n'en blesser aucun par des expressions outrageantes ; m'abstenir avec soin de l'irritation et de la colère, dans les discussions même les plus animées ; tâcher d'être toujours l'interprète des honnêtes gens et des vrais citoyens, l'homme de l'opinion publique, de la vérité, de la patrie, le défenseur de la constitution et des lois ; prévenir par mes efforts individuels toute espèce de réaction, qui nous exposerait à retomber dans le gouffre des révolutions ; m'opposer à toute mesure inconstitutionnelle et arbitraire, à toute violation des droits des citoyens ; conserver de la dignité sans orgueil, de la modération sans faiblesse, de l'énergie sans exagération, un respect profond et un dévouement sincère pour le Roi, sans aucune servilité envers les ministres ; séparer toujours, avec un soin religieux, les vrais principes d'une monarchie tempérée et d'une sage liberté auxquels la nation s'était rattachée, avec unanimité, dans les premiers jours de la révolution, des écarts et des excès dans lesquels la révolution mal dirigée, l'amour de la liberté mal compris, le despotisme impérial, et la séduction d'une gloire militaire fausse et funeste, nous ont successivement entraînés ; affermir enfin la monarchie constitutionnelle ; contribuer à rétablir, par tous les moyens que les circonstances pourront indiquer ou faire naître, la tranquillité et la prospérité de la France : telles sont les instructions qu'un véritable député de la nation, ami de la patrie et du roi, me paraît ne devoir jamais perdre de vue, dans le cours de sa mission législative, et auxquelles je prends avec moi-même l'engagement de me conformer le plus exactement qu'il me sera possible ».

FIN.

IMPRIMERIE DE FAIN, RUE DE RACINE, N° 4, PLACE DE L'ODÉON.